RÉPUBLIQUE FRANÇAISE

MINISTÈRE DE LA GUERRE.

CAHIER DES CLAUSES ET CONDITIONS GÉNÉRALES

DU 1er AOUT 1921

APPLICABLES AUX

MARCHÉS DE FOURNITURES

DU DÉPARTEMENT DE LA GUERRE

(Directions du Contrôle et du Contentieux)

A JOUR AU 9 JUILLET 1928

CHARLES-LAVAUZELLE & Cie

Editeurs militaires

PARIS, Boulevard Saint-Germain, 124

LIMOGES, 62, Avenue Baudin | 53, Rue Stanislas, NANCY

1928

MINISTÈRE DE LA GUERRE

Cahier des clauses et conditions générales applicables aux marchés de fournitures du Département de la guerre.

(Directions du Contrôle et du Contentieux.)

Paris, le 1er août 1921.

Art 1er.

Dispositions générales.

Tous les marchés du Département de la guerre, sauf ceux relatifs aux travaux de constructions militaires, qu'ils soient passés dans la forme d'adjudication publique ou qu'ils résultent de conventions faites de gré à gré, sont soumis aux dispositions du présent cahier des clauses et conditions générales, lorsqu'il n'y est pas dérogé par des conditions spéciales.

TITRE Ier.

Passation des marchés.

§ 1er. — Marchés par adjudication.

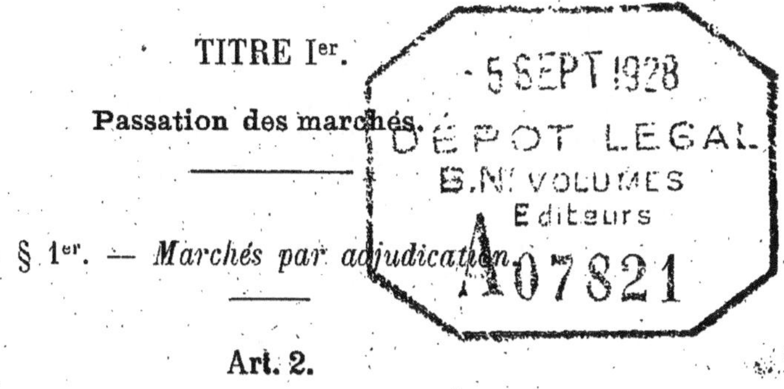

Art. 2.

Mode de passation des marchés par adjudication.

Les adjudications sont passées, par des commissions d'adjudication, dans les formes et avec les garanties prévues dans le document ayant pour titre : « Instruction relative aux marchés du Département de la guerre. ».

Les conditions à remplir pour être admis à concourir aux adjudications sont indiquées dans la même instruction.

Art. 3.

Cautionnement provisoire et cautionnement définitif.

Les cahiers des charges spéciales font connaître la nature et l'importance des cautionnements à produire.

Ces cautionnements sont réalisés conformément aux instructions en vigueur (1).

Art. 4.

Approbation de l'adjudication.

L'adjudication n'est valable qu'après l'approbation de l'autorité compétente. L'entrepreneur ne peut prétendre à aucune indemnité dans le cas où l'adjudication n'est point approuvée.

Cette approbation doit être expresse et notifiée aux intéressés dans le délai de trente jours francs lorsqu'elle est réservée au Ministre et de dix jours francs dans les autres cas.

Lorsque le membre technique est autorisé à approuver les résultats de l'adjudication, il peut prononcer l'approbation en séance, ce qui parfait le marché. En dehors de ce cas, le membre technique fait connaître aux soumissionnaires à quelle autorité incombe l'approbation.

Tout adjudicataire auquel l'approbation du marché n'a pas été notifiée dans les délais prévus ci-dessus est libre de renoncer à l'exécution de la fourniture. Mais lorsque l'adjudicataire n'a pas usé de cette faculté avant d'avoir reçu la notification de l'approbation du marché, il sera engagé irrévocablement vis-à-vis de l'Etat, à moins que, dans un délai de quatre jours francs à dater de cette notification, il ne fasse connaître son désistement au chef du service intéressé.

Art. 5.

Adjudications provisoires.

S'il y a lieu, le cahier des charges spéciales fait connaître que l'adjudication n'aura qu'un caractère provisoire. Dans ce cas, de nouvelles offres consistant en des rabais d'au moins 10 p. 100

---

(1) Titre V de l'instruction relative aux marchés du Département de la guerre. (Volume 25-1).

sur les prix offerts par les adjudicataires provisoires peuvent être déposées, même par des personnes n'ayant pas pris part à l'adjudication, pendant un délai fixé et ne dépassant pas vingt jours.

Si des offres sont faites dans ces conditions, il est procédé, dans les formes ordinaires, à une nouvelle adjudication, entre les adjudicataires provisoires et les nouveaux soumissionnaires qui doivent satisfaire à toutes les conditions imposées aux candidats à l'adjudication.

Art. 6.

Pièces à délivrer aux adjudicataires.

Aussitôt après l'approbation de l'adjudication, le chef du service intéressé délivre, sans frais et contre récépissé. à chacun des adjudicataires un extrait certifié conforme du procès-verbal d'adjudication, un exemplaire des présentes clauses et conditions générales, une copie certifiée conforme du cahier des charges spéciales ainsi que des autres pièces qui seraient expressément désignées dans ledit cahier comme servant de base à chacun des marchés ; il les autorise à prendre copie des pièces manuscrites désignées dans le cahier des charges spéciales.

§ 2. — *Marchés de gré à gré.*

Art. 7.

Garanties à exiger des fournisseurs et des entrepreneurs.

Les garanties exigées des concurrents pour être admis aux adjudications peuvent l'être de ceux avec lesquels il est traité de gré à gré.

Art. 8.

Mode de passation des marchés de gré à gré.

Les marchés de gré à gré sont passés par le Ministre ou ses délégués dans les formes prévues dans l'instruction relative aux marchés.

Les dispositions de l'article 4, relatives aux délais d'approbation des adjudications publiques, sont applicables aux marchés de gré à gré.

§ 3. — *Frais auxquels donne lieu la passation des marchés.*

Art. 9.

**Droits de timbre et d'enregistrement. — Frais d'impression
et de publicité.**

Les droits de timbre et d'enregistrement auxquels donnent lieu
les marchés, dans quelque forme qu'ils soient passés, sont à la
charge de leurs titulaires proportionnellement à l'importance des
lots échus à chacun d'eux (1).

Les frais d'impression et de publicité sont à la charge de l'administration.

TITRE II.

Exécution des marchés.

Art. 10.

Domicile de l'entrepreneur.

Le cahier des charges spéciales fait connaître si l'entrepreneur
est tenu de faire élection de domicile au lieu d'exécution du marché, ou de s'y faire représenter par un fondé de pouvoir.

Dans le cas où l'entrepreneur ne remplirait pas cette obligation quand il y est tenu, et cela dans un délai de quinze jours
après la notification de l'approbation du marché, toutes les
communications seraient valablement adressées par l'administration à la mairie de la commune du lieu d'exécution du marché.

---

(1) Tous les marchés doivent porter la mention : « Le présent marché
est évalué à..... » pour la perception des droits d'enregistrement.

Lorsqu'un marché porte l'indication explicite d'un maximum et d'un
minimum, la somme qui doit servir de base aux droits d'enregistrement
est la valeur du minimum prévu.

Dans les marchés de fournitures à la ration (vivres et fourrages), la
somme qui doit servir de base à l'évaluation des droits d'enregistrement
est obtenue en additionnant la valeur de la quantité minima prévue au
cahier des charges spéciales et la prime allouée à l'entrepreneur pour
frais généraux.

Art. 11.

Préposés et représentants de l'entrepreneur.

Les préposés ou les représentants de l'entrepreneur doivent être Français et agréés par l'administration ; celle-ci a le droit d'exiger leur remplacement pour insubordination, incapacité ou défaut de probité.

Art. 12.

Conditions du travail.

L'entrepreneur doit se conformer aux lois, décrets et règlements en vigueur sur les conditions du travail dans les marchés passés au nom de l'Etat, dont le cahier des charges spéciales règle l'application.

Art. 13.

Défense de sous-traiter sans autorisation.

L'adjudicataire ne peut céder à des sous-traitants une ou plusieurs parties de son entreprise, ou contracter une association quelconque pour l'exécution de son marché sans le consentement écrit du Ministre. Dans tous les cas, il demeure responsable envers l'administration.

Sauf dans des cas tout à fait exceptionnels prévus au cahier des charges spéciales. l'entrepreneur est libre de s'adresser à tels fournisseurs qu'il agrée, pour l'achat des objets et matières nécessaires à l'exécution de son marché.

Art. 14.

Assurance contre l'incendie et la foudre.

A moins de stipulations spéciales contraires, l'entrepreneur fait assurer à ses frais, pendant toute la durée du marché :

Contre l'incendie, la foudre et le recours des voisins, tous les bâtiments et locaux appartenant à l'Etat et mis à sa disposition pour l'exécution du service;

Contre les risques locatifs et les recours des voisins, les bâtiments et locaux pris à loyer par l'administration et mis à sa disposition pour l'exécution du service;

Contre l'incendie, l'approvisionnement qu'il doit entretenir, les denrées et le matériel de toute nature appartenant à l'Etat qui lui sont remis par l'administration.

Pour l'assurance, la valeur des bâtiments et locaux, des approvisionnements, des denrées et du matériel, est calculée conformément soit aux instructions ministérielles, soit aux indications du cahier des charges spéciales.

Ces assurances sont contractées avec des compagnies françaises agréées par l'administration. Toutefois, si des entrepreneurs font la preuve qu'ils ne peuvent contracter dans des conditions normales tout ou partie des assurances exigées avec des compagnies françaises, ils pourront être autorisés par le Ministre, à s'adresser à des compagnies étrangères agréées.

Les polices doivent stipuler expressément que l'administration a le droit, en cas de sinistre, de se substituer à l'entrepreneur vis-à-vis des compagnies.

L'entrepreneur justifie de l'accomplissement de cette obligation par la présentation des polices d'assurance au chef du service, dans les quinze jours qui suivent la notification de l'approbation du marché ou l'acceptation par le membre technique, dans les conditions prévues par l'article 4.

Faute par l'entrepreneur de se conformer aux prescriptions de l'alinéa précédent, l'administration pourra contracter en son lieu et place et quarante-huit heures après une mise en demeure dans la forme administrative, une police d'assurance dont le montant des primes sera retenu sur les sommes dues à l'entrepreneur.

Art. 15.

Convocations adressées à l'entrepreneur.

Pendant toute la durée du marché, l'entrepreneur est tenu de se rendre dans les bureaux du chef du service et d'accompagner celui-ci et les délégués du Ministre dans les ateliers et les magasins toutes les fois qu'il en est requis. L'entrepreneur peut être suppléé par son représentant dûment accrédité.

Art. 16

Surveillance du travail dans les usines et les ateliers de l'entrepreneur.

L'administration a le droit de faire surveiller tous les détails de la fabrication des matières ou objets et de la confection des effets. Toutefois, le cahier des charges spécial pourra déroger à cette règle s'il s'agit d'un marché dont la faible importance ne justifie pas l'imposition de cette charge.

Cette surveillance est exercée par les personnes que le Ministre commet à cet effet. Celles-ci ont libre accès de jour et de nuit dans les usines et les ateliers de l'entrepreneur; elles peuvent procéder à toutes les vérifications et à toutes les expériences qu'elles jugent nécessaires, prélever des échantillons, des objets fabriqués ou des effets confectionnés à quelque degré d'avancement que ceux-ci se trouvent.

Sauf s'il s'agit de produits brevetés, l'entrepreneur est tenu de fournir verbalement ou par écrit, aux autorités désignées dans l'alinéa précédent, tous les renseignements qu'elles lui demanderont au sujet de l'exécution du service.

Art. 17.

Vérification du matériel à mettre en service, des matières, des pièces séparées et des effets en cours de fabrication ou de confection.

Les matières, objets et accessoires servant à la confection des effets ou à la fabrication des objets et du matériel peuvent être soumis à des vérifications préalables à l'état, soit de matières premières, soit de pièces séparées, soit d'objets ou d'effets déjà montés mais non terminés, dans les conditions prévues dans les cahiers des charges communes ou spéciales.

De même les cahiers des charges spéciales feront connaître dans quelles conditions les machines, les animaux, les voitures, harnais et accessoires requis ou loués seront soumis à un examen et à une estimation préalable avant leur mise en service.

Art. 18.

Des commandes.

Si le cahier des charges spéciales indique les délais d'exécution du marché ou de livraison des fournitures, la notification de l'approbation ou l'acceptation des offres en séance par le membre technique dans les conditions prévues par l'article 4 tient lieu de commande.

Si les marchés sont exécutoires sur commandes, celles-ci sont adressées soit par lettre recommandée, soit par voie administrative au titulaire du marché qui est tenu d'en accuser réception. Elles font connaître le service à exécuter ou la nature et les quantités de fourniture à livrer, ainsi que les délais d'exécution ou de livraison.

Ces délais courent du lendemain de la notification administrative ou de l'accusé de réception de la lettre recommandée.

Si les délais susvisés expirent un jour férié il est laissé jusqu'au lendemain pour l'exécution de la commande.

Les cahiers des charges spéciales règlent toutes les questions relatives au maximum et au minimum des fournitures à mettre en commande ou les conditions du service à exécuter.

En principe, et sauf dérogation prévue au cahier des charges spéciales, les quantités commandées ne doivent pas différer de plus de 10 p. 100 en plus ou en moins des quantités mises en adjudication.

Art. 19.

Variations dans les effectifs.

Les cahiers des charges spéciales font connaître dans quelles conditions peuvent être modifiées les quantités à fournir par les entrepreneurs dans les cas de variation d'effectif.

Art. 20.

Livraisons. — Exécution du service.

Les livraisons des fournitures sont faites dans les délais, au lieu et dans les formes indiqués au cahier des charges spéciales.

Dans le cas de fournitures de matières donnant lieu dans le commerce à des spéculations à terme, les cahiers des charges spéciales peuvent indiquer que les délais de livraison sont fixés par les affiches et avis d'adjudication, qui font alors connaître la date extrême à laquelle chacune des livraisons doit être effectuée.

Au moment de la remise de la fourniture dans les établissements de l'administration, et sans préjuger de leur acceptation définitive, il est délivré à l'entrepreneur un récépissé provisoire constatant les quantités déposées, la nature et la date des livraisons.

S'il s'agit d'un marché dont l'exécution ne se traduit pas par un dépôt de matières dans les magasins de l'administration, des certificats d'exécution sont délivrés à l'entrepreneur pour être mis au soutien de sa facture.

Les cahiers des charges spéciales fixent le délai maximum imparti à l'administration pour procéder à l'examen et, en cas d'admission, à la prise en charge des fournitures, à partir du jour où elles sont présentées en livraison.

Art. 21.

Tolérances dans les quantités à livrer.

La proportion à admettre en plus ou en moins des quantités à livrer est déterminée, le cas échéant, par le cahier des charges spéciales.

Art. 22.

Responsabilité de l'administration à partir du dépôt dans ses magasins.

L'administration est tenue de la responsabilité qui incombe au dépositaire pendant le temps qui s'écoule entre la date du dépôt des fournitures dans ses magasins et celle où une décision est prise au sujet de leur réception, de leur ajournement ou de leur rejet.

La valeur des détériorations est fixée, s'il y a lieu, comme il est dit à l'article 26.

Art. 23.

Provenance des fournitures.

Sauf exceptions prévues aux cahiers des charges spéciales, les matières et denrées livrées doivent être d'origine française ou provenir des colonies françaises ou des pays de protectorat. Les effets et objets doivent être de confection ou de fabrication française ou avoir été confectionnés ou fabriqués soit dans les colonies françaises, soit dans les pays de protectorat.

Le titulaire du marché doit justifier de l'origine toutes les fois qu'il en sera requis.

Art. 24.

**Conditions d'exécution du service. — Conformité avec les croquis d'exécution,
les descriptions, les modèles-types ou les échantillons.**

Les marchés sont exécutés conformément aux dispositions prévues aux cahiers des charges communes et spéciales.

Les fournitures doivent être entièrement conformes, pour la qualité et les détails d'exécution, aux descriptions et aux croquis annexés aux cahiers des charges spéciales ou visés dans ce document.

Lorsque l'entrepreneur a déposé, préalablement à la passation du marché, des échantillons acceptés, les matières, denrées et objets livrés doivent leur être conformes.

Il est remis aux titulaires des marchés, s'il y a lieu, des modèles-types pour les guider dans les menus détails de fabrication ou de confection qui ne peuvent être suffisamment précisés dans les documents indiqués au deuxième alinéa du présent article. En cas de différences entre les modèles-types et les descriptions, les indications de ces dernières sont seules valables.

Art. 25.

Réceptions.

Les fournitures sont reçues, l'exécution des services est constatée au lieu et dans les formes prévus par les cahiers des charges spéciales.

L'entrepreneur est avisé des jour et heure fixés pour les réceptions et les constatations d'exécution, afin qu'il puisse y assister ou s'y faire représenter.

Si l'entrepreneur ou son représentant n'assiste pas aux épreuves ou aux constatations, il est passé outre et procédé valablement en son absence, tous ses droits d'appel étant d'ailleurs réservés.

Les réceptions ont lieu, soit dans les magasins de l'Etat, soit dans les usines, ateliers, magasins ou chantiers de l'entrepreneur. Les commissions de réception, les experts et les personnes que le Ministre commet à cet effet procèdent aux vérifications, conformément aux règlements et instructions en vigueur.

Art. 26.

Prélèvements, détériorations d'objets ou matières.

Pour les denrées ou matières, les cahiers des charges spéciales indiquent, dans chaque cas particulier, la nature des essais, des vérifications et les quantités maxima sur lesquelles peuvent porter les expériences sans que l'entrepreneur ait droit à indemnité pour les détériorations que subit de ce chef le matériel essayé.

Pour les effets confectionnés, objets fabriqués et accessoires, les quantités sur lesquelles peuvent porter les essais ne sont pas limitées, sauf indication contraire. Mais si, à la suite des essais, ce matériel est détérioré, la perte est supportée par l'Etat si l'examen fait connaître que les effets ou objets auraient dû être acceptés; elle est à la charge de l'entrepreneur dans le cas où la vérification démontre que la fourniture doit être rejetée ou ajournée pour être réparée.

La valeur des détériorations provenant soit du service, soit du fait de l'examen des effets, des objets fabriqués et des accessoires, soit du fait du dépôt dans les magasins de l'Etat (art. 22) est réglée d'accord avec l'entrepreneur, sans pouvoir dépasser celle des effets ou objets terminés d'après les prix du marché, et pour les effets ou objets en cours de fabrication, leur valeur réelle d'après les mêmes prix, en tenant compte de leur prix de revient dans la valeur totale de l'effet ou de l'objet terminé.

A défaut d'entente avec l'entrepreneur, le montant des détériorations imputables à l'Etat est fixé par le Ministre de la guerre, sauf recours de l'entrepreneur en Conseil d'Etat.

Art. 27.

Réfactions.

Lorsque la bonne foi du fournisseur est certaine et lorsque, sans être absolument conformes aux conditions du marché et aux échantillons, les fournitures ne présentent pas des différences ou des défectuosités de nature à porter atteinte à leur bonne utilisation, elles peuvent être acceptées à titre exceptionnel.

Dans ce cas, des réfactions sont prévues, soit sous forme de réduction de quantité, soit sous forme de réduction de prix :

1° Sous forme de réduction de quantité lorsque, par exemple, les fournitures présentent des tares locales et qu'en raison de la nature des matières ces tares ne s'opposent pas à la bonne utilisation des parties non tarées. Le fournisseur peut, soit accepter la réduction fixée, soit remplacer les parties de la fourniture jugées défectueuses.

2° Sous forme de réduction de prix, quand les fournitures, sans remplir exactement toutes les conditions prévues au cahier des charges, sont susceptibles d'une bonne utilisation.

En principe, le cahier des charges spéciales prévoit expressément le principe de la réfaction, les circonstances où elle peut être appliquée et le mode de calcul des réductions à faire subir aux prix du marché.

A titre très exceptionnel et même si le cahier des charges spéciales ne prévoit pas le principe de la réfaction (1), la commission de réception peut prononcer la réception des fournitures avec réduction de prix. A défaut d'entente avec l'entrepreneur, le taux de la réduction est fixé sur la proposition de la commission par le Ministre, sauf recours de l'entrepreneur au Conseil d'Etat.

Art. 28.

Décisions au sujet des réceptions. — Pourvois. — Appels.

A moins de stipulations contraires prévues au cahier des charges communes ou spéciales, le fournisseur peut former appel des décisions relatives aux rejets, ajournements, réductions de poids ou de métrage pour tenir compte des défauts et des tares, dans un délai de cinq jours qui court du jour où il en a reçu la notification.

De son côté, sous la même restriction, le chef de service peut se pourvoir contre les décisions relatives aux réceptions et dans le même délai qui court, pour lui, du lendemain du jour où elles ont été prises.

Les pourvois et appels sont, sauf indications spéciales figurant aux cahiers des charges spéciales, portés devant des commissions d'appel; en principe, ils sont suspensifs des décisions attaquées. Cependant, lorsqu'il s'agit de fournitures, de denrées ou matières dont le remplacement ne saurait souffrir aucun retard, les cahiers des charges spéciales font connaître les droits et les obligations de l'administration et de l'entrepreneur.

Si la valeur des objets en litige n'atteint pas le montant des dépenses à prévoir pour les vacations des membres de la commission d'appel, le fournisseur ou le chef du service, avec l'assentiment du fournisseur, peut soumettre la question directement au Ministre.

---

(1) Cette disposition s'appliquerait notamment dans le cas où la nécessité de pourvoir à la subsistance des hommes et des chevaux obligerait à accepter des fournitures ne remplissant pas absolument les conditions du marché, mais cependant non nuisibles.

Art. 29.

Rejet ou ajournement de pièces séparées, d'effets ou objets en cours de confection ou de fabrication.

Lorsque les cahiers des charges prescrivent l'examen des pièces séparées ou des objets et effets en cours de confection ou de fabrication, l'entrepreneur a le droit de se pourvoir auprès de la commission de réception ou de l'autorité chargée de la recette définitive, contre les avis des experts ou des agents qui auront conclu au rejet ou à l'ajournement. Si l'entrepreneur n'accepte pas la décision qui intervient, il peut, à moins que le cahier des charges n'en dispose autrement, porter le litige devant la commission d'appel. Dans tous les cas, le recours au Ministre est admis.

Art. 30.

Commissions d'appel.

Les commissions d'appel ont la composition prévue dans les instructions ministérielles ; elles opèrent conformément aux indications contenues dans ces instructions et, le cas échéant, dans les cahiers des charges spéciales.

Leurs décisions sont exécutoires, sauf recours au Ministre; ce recours est suspensif, sauf dans les cas particuliers prévus au cahier des charges spéciales.

Les recours au Ministre doivent être formulés par écrit et remis au chef de service dans un délai de dix jours qui court du jour où le fournisseur a reçu la notification de la décision de la commission d'appel.

Art. 31.

Frais d'appel.

Les indemnités de vacation des membres rétribués des commissions d'appel et, le cas échéant. les frais des expertises auxquelles ces commissions jugent nécessaire de faire procéder sont à la charge de l'administration et de l'entrepreneur proportionnellement à la valeur des quantités admises d'une part, et à celles des quantités rejetées ou ajournées d'autre part. Toutefois ces frais et indemnités restent, dans tous les cas, à la charge de l'entrepreneur, lorsque la commission n'a pu délibérer par le fait du membre idoine désigné par lui.

La répartition ainsi faite est définitive et ne peut être modifiée, quelle que soit la décision ultérieure en cas de recours au Ministre.

Art. 32.

Examen des recours au Ministre. — Décisions.

Le Ministre fait procéder, par telle voie qu'il juge convenable, à l'examen des recours.

Quand il y a lieu et lorsque la nature de la fourniture le permet, les chefs du service prélèvent au hasard, en présence de l'entrepreneur ou de son représentant, dans le matériel faisant l'objet du recours, les échantillons nécessaires pour faciliter cet examen, et les mettent sous scellés.

La décision qui intervient est notifiée administrativement à l'entrepreneur.

Le recours au Conseil d'Etat n'est pas suspensif de l'effet des décisions prises par le Ministre.

Art. 33.

Instruments de vérification.

L'administration se réserve le droit d'employer, pour les vérifications, tels instruments et tels procédés qu'elle juge convenables et de les changer en cours de marché sans que l'entrepreneur puisse formuler de réclamation ni demander d'indemnité.

L'entrepreneur a toujours le droit d'assister aux épreuves et de présenter des observations si les résultats donnés par les instruments lui paraissent contestables. Ces observations sont examinées d'abord par les commissions ou les autorités chargées des réceptions. Les décisions prises peuvent être l'objet d'un pourvoi auprès des commissions d'appel, à moins que les cahiers des charges communes ou spéciales ne suppriment le recours à ces commissions. Dans tous les cas, le pourvoi peut être porté devant le Ministre.

Art. 34.

Fournitures refusées ou ajournées.

Les cahiers des charges spéciales font connaître, dans chaque cas particulier, les marques dont l'administration se réserve le droit de frapper le matériel refusé, les délais d'enlèvement par l'entrepreneur des fournitures refusées ou ajournées et les mesures qui pourraient être prises si les ordres qu'il recevra à cet égard n'étaient pas suivis d'exécution.

Les frais de manutention des fournitures rejetées ou ajournées sont mis à la charge de l'entrepreneur dans les conditions prévues au cahier des charges communes ou spéciales.

Art. 35.

Remplacement des fournitures refusées et représentation de celles ajournées.

A l'exception des fournitures dont la livraison ne comporte aucun retard et qui, en cas de refus, doivent être remplacées sur l'heure ainsi qu'il est stipulé au cahier des charges spéciales, le remplacement des fournitures refusées ou la représentation de celles ajournées a lieu dans les délais prévus au même cahier.

Ces délais courent :

1° S'il n'y a pas eu d'appel, du lendemain du jour de la notification du refus ou de l'ajournement;

2° S'il y a eu appel ou pourvoi, du lendemain du jour de la notification à l'entrepreneur de la décision de la commission d'appel;

3° S'il y a eu recours au Ministre, du lendemain du jour de la notification à l'entrepreneur de la décision du Ministre.

Art. 36.

Imputation de la valeur des matières premières.

En cas de rejet d'objets ou d'effets fabriqués ou confectionnés avec des matières appartenant à l'Etat, la valeur de celles-ci reste à la charge de l'entrepreneur.

La quantité de matières est calculée en prenant pour base les devis ou les tables de construction; les prix à appliquer sont ceux spécifiés soit dans les tables de construction ou les devis, soit dans les cahiers des charges spéciales et, à défaut, les prix de nomenclature.

Toutefois, le cahier des charges communes ou spéciales peut prévoir que les produits refusés resteront la propriété de l'Etat; dans ce cas, leur valeur est imputée à l'entrepreneur, défalcation faite du produit de la vente par les domaines ou de la valeur d'utilisation fixée par le chef de service, sauf le droit de recours au Ministre pour le fournisseur.

Les mêmes règles s'appliquent en cas de perte ou d'avarie de denrées (1), matières ou objets appartenant à l'Etat et confiés à l'entrepreneur (2), sauf si ces pertes ou avaries proviennent d'événements de force majeure ou de cas fortuits dûment constatés. Pour être déchargé du montant des pertes ou avaries ainsi produites, l'entrepreneur doit les faire constater dans un délai de cinq jours après l'événement par un procès-verbal dressé par le représentant du service ou, à défaut, par le maire de la commune, et prouver que l'événement ne peut être imputé à un défaut de soins ou de prévoyance de sa part ou de la part de ses agents.

Le procès-verbal est immédiatement adressé au chef de service qui en approuve ou en rejette les conclusions, sauf le droit de recours au Ministre pour le fournisseur.

Les sommes imputées à l'entrepreneur dans les cas visés au présent article lui sont retenues par voie de précompte sur les mandats ou ordonnances relatifs aux sommes qui peuvent lui être dues. En cas d'insuffisance, la différence est versée directement au Trésor.

Les recours au Ministre visés par le présent article doivent être formulés dans les conditions et les délais prévus par l'article 30.

Art. 37.

Retards. — Clauses pénales.

L'entrepreneur étant en demeure sans qu'il soit besoin d'acte, et par la seule échéance du terme, toutes les livraisons non effectuées dans les délais prévus au marché le rendent passible de retenues pour retard; il en est de même quand des marchés de transport ou de main-d'œuvre ne sont pas exécutés dans les délais fixés.

Ces retenues sont toujours effectuées, alors même que le retard n'aurait causé aucun préjudice à l'Etat; elles ont lieu par voie de précompte sur les sommes dues à l'entrepreneur.

Leur taux, sauf dispositions contraires du cahier des charges spéciales, est fixé pour chaque jour de retard et par 1.000 francs du montant de la fourniture non exécutée à l'échéance du terme à :

---

(1) Pour les denrées, les prix à appliquer sont ceux prévus par les tarifs de remboursement en vigueur.

(2) Dans le cas où l'entrepreneur fournit la matière, les risques de force majeure sont à sa charge, conformément aux dispositions de l'article 1788 du Code civil.

50 centimes depuis le premier jour jusqu'au quarantième jour inclus;

1 franc du quarante et unième jour au quatre-vingtième jour inclus;

2 francs pour chacun des jours suivants.

Leur montant total ne dépassera pas, à moins de dispositions contraires du cahier des charges spéciales, le dixième de la valeur totale de la fourniture faisant l'objet du marché, déduction faite de la valeur des livraisons partielles effectuées dans les délais.

En ce qui concerne les marchés dans lesquels il est prévu des commandes et des délais de livraison périodiques, les pénalités sont réglées par commande.

Lorsque la durée d'exécution du marché le rendra utile, les taux des pénalités ainsi que leurs délais d'application et leur maximum peuvent être modifiés par le cahier des charges spéciales.

Dans les marchés par convertion, le décompte des pénalités encourues pour retards dans les livraisons de matières neuves est établi en prenant pour base la valeur totale des objets livrés en retard ou non livrés (et non cette valeur diminuée des vieilles matières).

Art. 38.

Cas d'événements de force majeure. — Sursis de livraison.

Les événements de force majeure ou de caractère imprévu, de nature à entraver l'exécution du marché, peuvent donner lieu à la concession de sursis de livraison ou d'exécution, à condition que les faits soient signalés par l'entrepreneur au chef du service, au plus tard dans un délai de cinq jours après l'événement (1). Passé ce délai, l'entrepreneur sera passible de toutes les conséquences qui pourraient résulter pour lui de retards dans les livraisons ou dans l'exécution du service.

Si les événements de force majeure rendent absolument impossible l'exécution du contrat, celui-ci peut être résilié sur la demande de l'entrepreneur, après constatation régulière des

---

(1) Les sursis sont accordés par le Ministre. Toutefois, les sursis sont accordés par le directeur du service, lorsque ces sursis, même cumulés pour un même marché, ne doivent pas excéder trente jours. Il en est immédiatement rendu compte au Ministre, ainsi que des motifs qui les ont justifiés.

faits par l'administration, à laquelle ils auront dû être signalés dans les délais ci-dessus impartis. Les décisions prises pourront faire, de la part de l'entrepreneur, l'objet d'un recours au Ministre dans les conditions et délais prévus à l'article 30.

En cas de résiliation dans les cas prévus à l'alinéa précédent, l'entrepreneur ne pourra prétendre à aucune indemnité.

Il ne sera jamais donné suite aux demandes de sursis provoquées par des événements de force majeure ou de caractère imprévu survenus après l'expiration des délais de livraison.

Art. 39.

Cas de guerre.

Sauf indications contraires contenues dans les cahiers des charges spéciales, le cas de guerre ne dégage pas l'entrepreneur des obligations qu'il a contractées. Toutefois, si les conditions du marché ont été profondément modifiées du fait de la guerre, l'entrepreneur est admis à réclamer au Ministre, sauf recours au Conseil d'Etat, soit la résiliation, sous réserve des pénalités encourues, soit le payement d'une indemnité équitable.

Art. 40.

Cas de résiliation du marché.

La résiliation du marché aux torts et griefs de l'entrepreneur peut résulter des diverses circonstances prévues par les dispositions légales du droit commun (inexécution, fraudes, etc.). En dehors de ce cas, elle peut encore être prononcée par le Ministre, après une enquête administrative, au cours de laquelle l'entrepreneur est entendu en ses observations, sans qu'il soit nécessaire de recourir à un acte judiciaire ou extrajudiciaire et sans que l'entrepreneur puisse prétendre à aucune indemnité, dans les cas particuliers ci-après :

1° Si l'entrepreneur n'a pas réalisé son cautionnement ou fait agréer une caution personnelle, quand elle est admise, dans un délai de quinze jours à dater de la notification de l'approbation du marché;

2° Si l'entrepreneur, dans le cas de décès, de faillite ou de mise en liquidation judiciaire de la caution, n'en a pas prévenu l'administration dans un délai de huit jours et n'a pas présenté une nouvelle caution ou réalisé le cautionnement pécuniaire définitif;

3° Si les retards apportés dans l'exécution du service ou dans les livraisons, ainsi que dans le remplacement ou la représentation du matériel, des objets, matières ou effets rejetés, ou ajournés, se prolongent au delà de la limite indiquée dans le cahier des charges communes ou spéciales;

4° Si les rejets dépassent, soit pour la totalité de la fourniture, soit pour des parties bien définies de celle-ci, une limite fixée dans le marché;

5° Si, sans y avoir été autorisé par le Ministre, l'entrepreneur cède son marché en totalité ou en partie, ou contracte une association quelconque pour l'exécution du service ou de la fourniture;

6° Si une société adjudicataire modifie sa constitution sans autorisation du Ministre de la guerre;

7° S'il est présenté en livraison des effets ou objets dans la confection ou la fabrication desquels entrent des matières rejetées, ou si des fournitures précédemment refusées sont représentées à nouveau;

8° Si l'entrepreneur se livre à des actes frauduleux à l'occasion de son marché, notamment en ce qui concerne la nature, la quantité où la qualité des marchandises.

Si l'infraction relevée à la suite de l'enquête administrative visée au 1er alinéa est comprise dans la catégorie de celles indiquées sous les cotes 1°, 2° ou 3°, la résiliation du marché ne peut être prononcée qu'après une mise en demeure restée sans effet qui aura été adressée administrativement à l'entrepreneur et à sa caution s'il y a lieu.

Aucune livraison ne devra être acceptée après l'expiration du délai fixé par la mise en demeure, sauf dans des cas exceptionnels sur lesquels le Ministre sera appelé à se prononcer.

Cette mise en demeure n'est pas nécessaire, même en ce qui concerne la caution qui est alors dépossédée au même titre que l'entrepreneur, si l'infraction relevée est comprise parmi celles visées sous les cotes 4°, 5°, 6°, 7° et 8° ci-dessus.

Les actes frauduleux peuvent, indépendamment du prononcé de la résiliation du marché, faire exclure l'entrepreneur et, le cas échéant, sa caution, de toute participation aux marchés du Département de la guerre et faire l'objet de poursuites judiciaires.

L'exclusion de l'entrepreneur et de sa caution de toute participation aux marchés du Département de la guerre peut d'ailleurs être prononcée par le Ministre pour manquements graves ou réitérés aux engagements pris sans qu'il soit nécessaire qu'ils aient le caractère frauduleux.

En ce qui concerne les marchés pour fourniture de denrées alimentaires, le Ministre peut, s'il le juge nécessaire, prononcer la résiliation du marché, dans le cas où l'entrepreneur est exclu de toute participation aux marchés de la guerre pour cause de condamnation pour fraude à l'occasion d'un autre marché de denrées alimentaires.

Art. 41.

Des marchés passés aux risques et périls de l'entrepreneur.

Dans les différents cas prévus à l'article précédent, le Ministre peut, pour tout ou partie des quantités restant à livrer :

soit prononcer la résiliation sous la seule réserve de l'application, le cas échéant, des pénalités encourues;

soit prononcer la résiliation aux torts et griefs de l'entrepreneur, cette résiliation pouvant être suivie de la passation d'un nouveau marché ou de toute autre mesure jugée utile pour assurer l'exécution du service; les conséquences immédiates de ce marché par défaut ou des mesures dont il s'agit sont à la charge de l'entrepreneur.

En cas de résiliation pour inexécution d'un marché de fournitures brevetées, l'entrepreneur pourra être passible, en réparation du préjudice causé au service par l'inexécution de son contrat, d'une amende dont l'importance sera prévue au cahier des charges spéciales.

La retenue prévue par l'article 37 est décomptée jusqu'au jour où le Ministre fait connaître la décision qu'il a prise en vertu des dispositions du présent article.

Toutefois, dans le cas où la résiliation du marché ne peut être prononcée qu'après une mise en demeure, dans les conditions prévues à l'article précédent, la retenue est décomptée jusqu'au jour où expire le délai extrême d'exécution fixé par la mise en demeure.

Les marchés, que l'administration doit faire exécuter aux lieu et place des adjudicataires défaillants et à leurs risques et périls, sont passés en principe par adjudication publique. Toutefois il peut être traité de gré à gré lorsque, par suite de circonstances dont le Ministre est seul juge, l'intérêt du service l'exige.

Si, par suite de circonstances dont le Ministre seul est juge, il est impossible de passer un nouveau marché, l'administration peut avoir recours au système de la régie et utiliser, dans ce but, le matériel et les ateliers que l'entrepreneur employait à l'exécution du service, à charge de l'indemniser, soit à l'amiable, soit d'office, après une expertise contradictoire dans les formes indiquées à l'article 47 ci-après, sauf recours de la décision du Ministre au Conseil d'Etat.

En cas de besoin, l'administration a la faculté de se procurer une marchandise équivalente si le fournisseur y consent ou si l'équivalence est déclarée par une commission composée du fournisseur, du chef de service et d'un tiers idoine choisi par eux.

En cas de fourniture d'objets brevetés, le Ministre peut encore assurer l'exécution du service par l'achat dans le commerce d'objets répondant dans la mesure du possible à la description annexée au contrat ou aux conditions d'utilisation exigées par les nécessités du service. Dans ce cas, les excédents de dépenses qui en résulteront seront à la charge de l'entrepreneur, s'il y a lieu, après une expertise contradictoire dans les formes indiquées à l'article 47.

Dans le cas où le service est assuré par défaut, la caution personnelle en supporte les risques solidairement avec l'entrepreneur, alors même qu'elle aurait été dépossédée sans mise en demeure dans les cas prévus au précédent article.

Les excédents de dépenses résultant de l'exécution du service par défaut sont prélevés, par voie de précompte, sur les sommes dues à l'entrepreneur, sans préjudice des droits à exercer contre lui en cas d'insuffisance; les diminutions de dépenses profitent exclusivement et intégralement à l'administration.

Art. 42.

Cas de décès de l'entrepreneur.

En cas de décès de l'entrepreneur, si le marché n'est pas, par sa nature même, dissous par le fait de la mort de son titulaire, le Ministre a le droit de le résilier, et cela nonobstant toute demande faite par les héritiers ou par la caution en vue de la continuation, pour leur compte, de l'exécution du contrat.

Si le marché n'est pas résilié, les héritiers sont tenus d'assurer le service pour leur propre compte pendant une période de deux mois, à partir du jour de la notification du décès au chef de service. Faute par eux de se conformer à cette clause, il est procédé à leur égard comme il est dit aux articles 40 et 41 ci-dessus.

Les héritiers peuvent être autorisés à continuer pour leur compte l'exécution du contrat.

S'ils préfèrent se dégager de toute obligation, ils adressent au chef du service, dans les quinze jours qui suivent le décès, une demande de résiliation appuyée de l'acte de décès et le marché se trouve résilié de plein droit à l'expiration du délai de deux mois prévu précédemment.

A défaut d'héritiers ou en cas de renonciation de ceux-ci, la caution peut être autorisée, sur sa demande, à poursuivre l'exécution du marché.

S'il s'agit d'un marché qui, par sa nature, est dissous par le fait de la mort de son titulaire, la caution est, du même coup, dégagée de ses obligations vis-à-vis de l'administration.

Si le marché n'est pas résilié, la caution reste engagée jusqu'à l'expiration du contrat, à moins que les héritiers ne préfèrent présenter une nouvelle caution que l'administration reste libre de refuser.

Art. 43.

Faillite ou mise en état de liquidation judiciaire.

Si le marché n'est pas, par sa nature, dissous par la faillite de l'entrepreneur, le Ministre peut en prononcer la résiliation.

Les ayants cause peuvent continuer l'exécution du marché, à condition d'en faire la demande et d'être agréés par le Ministre.

Si, par sa nature, le contrat est dissous par la faillite de l'entrepreneur, la caution est du même coup dégagée de ses obligations vis-à-vis de l'administration.

Si l'entrepreneur suspend ses payements et s'il est admis au bénéfice de la liquidation judiciaire, le contrat sera, comme pour la faillite, résilié de plein droit, si l'entrepreneur n'est pas autorisé par le tribunal à poursuivre l'exploitation de son industrie.

Si, au contraire, le tribunal autorise l'entrepreneur à continuer son industrie, ce dernier est tenu de satisfaire aux obligations de son marché et ne peut en être déchargé que par autorisation spéciale du Ministre.

TITRE III.

Règlement des dépenses. — Payements.

Art. 44.

Bases du règlement des comptes.

Les comptes sont établis en quantité d'après les unités prévues au marché et d'après les quantités livrées ou l'importance du service fait ; en valeur, d'après les prix consentis par le titulaire du marché, compte tenu, s'il y a lieu, des réfactions prévues à l'article 27 (1).

En aucun cas, l'entrepreneur ne peut invoquer en sa faveur, pour les métrages, les pesages et la détermination des volumes, les us et coutumes du pays.

Art. 45.

Droits de douane et d'octroi.

En l'absence de clauses spéciales contraires, les droits de douane et d'octroi sont à la charge du titulaire du marché.

Il est tenu compte aux fournisseurs, en plus ou en moins, des augmentations ou des diminutions apportées après l'adjudication aux droits perçus par l'Etat, les départements ou les communes et frappant directement les fournitures faisant l'objet du marché, à l'exception des droits de douane; ceux-ci ne donnent jamais lieu à compensation, sauf s'il s'agit de denrées ou de matières de provenance exclusivement exotique.

Art. 46.

Variations des cours commerciaux des objets, matières premières et denrées.

Les variations dans les cours commerciaux des objets, matières premières et denrées étant des aléas inhérents à tous les marchés dont il s'agit ne donnent lieu à une revision des prix consentis par les titulaires de ces marchés, que si les cahiers des charges communes ou spéciales le prévoient expressément.

Art. 47.

Modifications aux modèles, aux tables de construction ou aux croquis d'exécution. — Revision des prix.

En cas d'adoption de nouveaux modèles, il n'est dû, de ce seul fait, aucune indemnité à l'entrepreneur ; mais l'administration est tenue de prendre livraison après achèvement, des effets conformes aux anciens modèles existant dans les ateliers de l'entrepreneur le jour où la suppression a été prononcée.

---

(1) Si plusieurs lots d'un même marché comportent des objets identiques ou le même service et que les prix consentis par le titulaire soient différents, les comptes sont établis d'après le prix moyen résultant de ces différents prix. Les cahiers des charges spéciales indiquent alors la manière de déterminer ce prix moyen et la décimale jusqu'à laquelle doit être poussé son calcul.

En cas d'adoption de nouveaux modèles ou de modifications aux descriptions, aux croquis d'exécution ou aux tables de construction pendant le cours du marché, il peut être établi de nouveaux prix.

Si les nouveaux prix ne peuvent être fixés à l'amiable, il est procédé à une expertise par les soins de trois experts désignés : l'un par l'administration, le deuxième par l'entrepreneur et le troisième par le président du tribunal de commerce dans le ressort duquel se trouve la résidence du chef du service.

Ces commissions n'ont qu'un rôle consultatif; sur le vu de leur avis, le Ministre décide, sauf recours au Conseil d'Etat.

Art. 48.

Charges accessoires de l'entreprise.

Les frais d'établissement et de timbre des pièces de comptabilité à produire sont supportés par les titulaires des marchés.

Les cahiers des charges spéciales font connaître les écritures à tenir et les situations à fournir par l'entrepreneur; le cas échéant, ils indiquent la destination que doivent recevoir, au moment de la cessation du service, les registres réglementaires de comptabilité, les denrées et matières qui doivent être laissées en magasin en fin d'entreprise.

Art. 49.

Production des justifications.

L'entrepreneur doit produire, dans les formes et dans le délai fixés par le cahier des charges spéciales, les factures, les justifications et les comptabilités prévues.

Passé ce délai, l'entrepreneur est passible d'une amende dont l'importance est prévue dans le cahier des charges spéciales.

L'administration de la guerre se réserve d'ailleurs le droit d'établir d'office, et aux frais de l'entrepreneur, le décompte des fournitures passé un délai déterminé.

Dans tous les cas, les titres de créance qui ne sont pas produits dans un délai de six mois, à partir de l'expiration du trimestre auquel appartient la dépense, sont frappés de déchéance (1).

---

(1) Décret du 13 juin 1806.

Art. 50.

Payements par virement (1).

L'Etat se libère des sommes dues en exécution des marchés par simple virement de compte, conformément aux dispositions du décret du 20 juin 1916 (2).

Le fournisseur fera connaître lors de la soumission la caisse ou la banque à laquelle il a un compte de dépôt ouvert à son nom ainsi que le numéro de ce compte (3).

Art. 51.

Payement d'acomptes.

En principe, des acomptes ne peuvent être alloués au fournisseur que facultativement, à titre de mesure gracieuse et sur sa demande.

Leur importance ne peut pas dépasser les cinq sixièmes des droits constatés par pièces régulières présentant le décompte du service fait, ou, par exception, les onze douzièmes de ces droits.

Les sommes dont l'entrepreneur peut être débiteur envers l'Etat sont déduites des mandats d'acomptes.

La délivrance des acomptes n'est pas retardée lorsque les dates des livraisons donnent lieu à des pénalités sur lesquelles il reste à se prononcer. Dans ce cas, le montant des pénalités encourues est défalqué des sommes dues, en outre de la retenue du sixième ou du douzième prévue par le règlement sur la comptabilité des dépenses du Département de la guerre.

Des acomptes pour du matériel approvisionné ou travaillé en usine, mais non encore livré, peuvent aussi être alloués lorsque le cahier des charges spéciales le prévoit. Dans ce cas, l'entrepreneur doit préalablement faire agréer par le Ministre une caution personnelle solidaire.

---

(1) Cet article n'est applicable qu'aux marchés passés dans la métropole, l'Algérie et la Tunisie.

(2) *Bulletin officiel*, édition méthodique, volume 24.

(3) Lorsque la demande en aura été faite par le fournisseur, le payement des sommes inférieures à 500 francs aura lieu par mandat-carte, conformément aux dispositions du paragraphe II du décret du 20 juin 1916.

Art. 52.

Payement pour solde.

Lorsque l'exécution des marchés embrasse plusieurs exercices, les services de chaque exercice constituent autant de parties distinctes donnant lieu à un règlement définitif spécial.

Si le fournisseur est titulaire de plusieurs lots, il peut, s'il le demande, être procédé, pendant le cours de l'exercice, au règlement définitif des lots au fur et à mesure de l'achèvement des services ou des livraisons qu'ils concernent.

Si le fournisseur conteste le montant du solde et refuse de le recevoir, la somme est versée à la Caisse des dépôts et consignations.

Les mandats de payement intégral ou pour solde sont appuyés des justifications prescrites par le règlement du 3 avril 1869 (1).

La déclaration de prise en charge portée sur les factures et visée par le chef de service tient lieu de certificat d'exécution du service.

Le fournisseur qui aura encouru une pénalité pourra, après exécution complète du marché et après en avoir fait la demande, obtenir immédiatement le payement du solde de son entreprise sous déduction des sommes portées sur l'état des pénalités.

Art. 53.

Intérêts moratoires pour retards dans les payements pour solde.

Les acomptes prévus à l'article 51 n'étant payés à l'entrepreneur, sur sa demande, que par mesure gracieuse, le retard dans leur payement ne peut ouvrir droit ni à réclamation, ni à intérêt, ni à indemnité.

Si l'entrepreneur n'a pas reçu le mandat pour solde dans un délai de trois mois, à partir de l'achèvement du service ou de la réception définitive des dernières fournitures exigibles, il peut demander des intérêts moratoires calculés au taux légal pour la somme qui reste due; ces intérêts lui sont alors payés à partir du jour du dépôt constaté d'une mise en demeure adressée au chef du service.

---

(1) Edition méthodique, volume n° 24.

Les intérêts moratoires susvisés ne sont pas dus, quels que soient les retards, lorsque la liquidation définitive ne peut être arrêtée par suite de l'insuffisance des justifications présentées par le titulaire du marché.

TITRE IV.

Contestations.

Art. 54.

Réclamations, délais.

Toute réclamation concernant soit l'application des prix, soit l'observation des clauses et conditions diverses des marchés, doit être adressée par écrit au chef du service, dans les huit jours qui suivent celui de la notification de la décision donnant lieu à ladite réclamation.

Les réclamations visées spécialement, soit dans le présent cahier, soit dans les cahiers des charges spéciales, doivent être adressées dans la même forme et dans les délais spéciaux prévus pour elles.

Les délais visés plus haut ne sont pas applicables aux réclamations appuyées de nouveaux titres ou ayant pour objet le redressement d'erreurs matérielles.

Art. 55.

Jugement des contestations.

Les contestations concernant soit l'application des prix, soit l'observation des clauses et conditions diverses des marchés, font, le cas échéant, l'objet de décisions (administratives) du Ministre.

Ces décisions, régulièrement notifiées à l'entrepreneur, ne peuvent être attaquées que dans les formes prévues par les lois et décrets en vigueur.

Art. 56.

Réclamations des tiers et des agents de l'entrepreneur.

Dans le cas de réclamations des fournisseurs, des sous-traitants autorisés et des autres préposés ou agents de l'entrepreneur, en payement de dépenses pour fournitures ou livraisons faites par eux pour le service de l'entreprise, les agents de l'administration n'interviennent que pour viser les pièces que les réclamants croient devoir leur présenter, et pour leur en donner reçu à l'effet de donner par là une date certaine à leurs demandes et de leur permettre d'exercer, pour le payement de leurs créances par l'entrepreneur, le privilège résultant des dispositions du décret du 12 décembre 1806.

TITRE V.

Clauses diverses.

Art. 57.

Représentants du service militaire.

Le représentant du service militaire vis-à-vis de l'entrepreneur est le chef du service qui peut déléguer tout ou partie de ses pouvoirs aux officiers, ingénieurs ou agents sous ses ordres; cette délégation est notifiée à l'entrepreneur.

Art. 58.

Conservation des plans, croquis d'exécution et documents divers.

Conformément aux dispositions de la loi qui établit des pénalités contre l'espionnage (1) le fournisseur est personnell ment responsable de la conservation des plans, croquis d'exécution et documents divers qui lui sont remis par l'administration en vue de l'exécution de son marché.

Art. 59.

Application de la loi sur les retraites ouvrières et paysannes (2).

Le titulaire du marché justifiera, en ce qui concerne le personnel occupé, qu'il se conforme aux obligations de la loi des retraites ouvrières et paysannes; qu'à cet effet, il effectue le précompte de la cotisation ouvrière lors de chaque paye, dans les conditions prévues par les lois en vigueur, et appose les timbres représentant la double contribution sur les cartes de ses salariés.

Pour les salariés qui ne présenteraient pas leur carte, il usera des moyens de se libérer que lui offre l'article 23 de la loi, paragraphe 2, en versant, à la fin de chaque mois, directement ou

---

(1) Loi du 18 avril 1886. Vol. 59¹.
(2) Cet article ne s'applique qu'aux marchés exécutés dans la métropole.

par la poste, ses contributions patronales au greffe de la justice de paix ou à l'organisme reconnu par la loi auquel serait affilié l'assuré. Sur la demande de l'administration, il produira les récépissés constatant qu'il a usé de cette faculté.

(1). . . . .

(1) Alinéa supprimé. (Modificatif du 4 août 1927, *B. O.*, p. 1706.,

TABLE DES MATIÈRES

Du cahier des clauses et conditions générales applicables aux marchés de fournitures du Département de la guerre.

TITRE III.

RÈGLEMENT DES DÉPENSES. — PAYEMENTS.

TITRE IV.

CONTESTATIONS.

TITRE V.

CLAUSES DIVERSES.